# El Canto del Ruiseñor

*Sinfonha de un sentimiento*

## José Lorenzo Medina

Del Alma Editores

Medina, José Lorenzo

El canto del ruiseñor : sinfonía de un sentimiento / José Lorenzo Medina ; ilustrado por Julia Grover ; con prólogo de Gladys Viviana Landaburo. - 1a ed. - Cosquín : Del Alma Editores, 2015.

200 p. ; 21x14 cm.

ISBN 978-987-3907-02-9

1. Literatura Argentina. 2. Cuentos. 3. Poesìa. I. Grover, Julia, ilus. II. Landaburo, Gladys Viviana, prolog. III. Título

CDD A860

Fecha de catalogación: 08/07/2015

El Canto del Ruiseñor

Autor:José Lorenzo Medina

Editora:Gladys Viviana Landaburo

Prólogo:Gladys Viviana Landaburo

Diseño de Portada:Julia Grover

Email:juliagogrover@hotmail.com

Ilustraciones: Rosana Mariela López

©Del Alma Editores 2015

Email:del_alma_editores@yahoo.com.ar

Todos los Derechos Reservados.

Prohibida la reproducción total o parcial de esta obra por cualquier medio sin previo permiso escrito por parte del autor.

ISBN: 978-987-3907-02-9

*A mi familia*

*A mis padres*

*A mis hermanos*

*A mis amigos*

*A mi gran amiga la poeta Gladys Viviana Landaburo por su gran apoyo y dedicación a lo que amamos: "La poesía"*

*¡Al amor en todas sus formas!*

# PRÓLOGO

Como el canto del ruiseñor que sin detenerse atrae a su amada hacia sí para vivir su romance, así nos seducirá cada verso que derramado desde la pluma de José Lorenzo Medina, para sin darnos cuenta siquiera, arrobarnos nuestra alma, al impactar nuestro ser con su pasión por un amor que desde su copiosa nostalgia, renace infinitamente negándose a morir, aunque tan solo tenga oportunidad de ser a través de esta sinfonía de un sentimiento que logra su plenitud e inmortalidad a través de la poesía que recrea todo el sentir que aflora cuando un hombre vive la magia de ser un eterno enamorado del Amor.

El Canto del Ruiseñor: sinfonía de un sentimiento, nos invita mediante una poesía atrevida, a dejarnos llevar desnudándonos de toda culpa para estallar en la felicidad de sentirnos libres para soñar, vivir y sentir.

Gladys Viviana Landaburo

*Epígrafe*

*Podrá nublarse el sol eternamente;*

*podrá secarse en un instante el mar;*

*podrá romperse el eje de la tierra*

*como un débil cristal.*

*¡todo sucederá! Podrá la muerte*

*cubrirme con su fúnebre crespón;*

*pero jamás en mí podrá apagarse*

*la llama de tu amor.*

*Gustavo Adolfo Bécquer*

## MI POESÍA HA MUERTO

Nubes grises y negras sobre las bardas.
El frío viento de la cordillera golpea mi sien,
sacude mi cuerpo y lentamente camino
hacia las alturas de la noche más oscura.
Ya no hay luces ni esperanza,
no hay canto, melodías, la alegres risas
de tiempos perdidos en el recuerdo.
Sentir la soledad como un gigante,
despertar en el alma y abrazar mi destino.
No hubo olas sobre el extenso mar
ni gaviotas sobre las barcazas buscando
el despejo, los restos del trabajo del hombre,
solo levante mi vuelo: ¡volar y soñar cada vez más alto!

El fuego aún arde en el corazón.
Las palabras corren por las venas
como savia nueva riegan el mundo
mientras las tinieblas se alejan:
¡Esta pequeña llama palpita
como un retoño en el sur!

**PENSANDO**

Amar hasta las lágrimas y sentir dolor por esta eterna ausencia
que lastima cada fibra del corazón. Amor no te mientas,
deja que el mar nos arrastre de nuevo, que las inmensas olas del fuego
donde los dioses nos inmolan , vuelva la alegría a transitar por el alma.
Quiero oír tu voz de nuevo, desesperado están todos mis sueños y deseos.

## TU RECUERDO RUEDA EN EL ALMA

Como gotas de lluvia que caen por mis mejillas
así siento tu recuerdo rodando en el alma.
Las penas son como una triste zamba,
que abrigan mi recurrente soledad
mientras el corazón sigue soñando contigo.
Sin rosas en el jardín, solo el frío invierno
desea incansable, una nueva primavera.

# ENCANTO

*A mi princesa*

Vuelve dulce encanto de mis ojos, naturaleza pródiga, parte invaluable de mi esencia, hasta que la primavera vuelva a florecer en este jardín del edén, en este crepúsculo llamado humanidad, bajo las huellas implacables del destino que elegimos.
Lugares vacíos y remotos en el corazón de una fría tarde de Septiembre. El silencio como un compositor de melodías y letras absurdas en el teatro de la vida, me hacen pensar cuántas cosas son lejano recuerdo, un instante en el tiempo, un efímero momento y nada más.
Nada puede ser más dulce y bello que la textura de tus labios, encendiendo el fuego, en la hoguera de nuestra levedad...
Fueron lágrimas sin recuerdos, apenas un tizón en el fuego de la vida y en el mar del olvido: ¡Su nombre!
Allí fue eternidad mientras estuve entre tus brazos.
Sentí la intensidad en las arenas del tiempo y en la distancia encontré la paz de sentirme vivo.

## NUESTRO VIAJE

Las páginas están vacías de letras y sentimientos.
El amor y las emociones purgan condena
en la cárcel del tiempo y la distancia.
La fuga ha comenzado hacia la tierra
de los sueños y sobre las alas de las mariposas,
el corazón del hombre camino hacia su última morada
donde tu voz y mi voz sollozan de alegría entre rosas
y fresas,
jazmines, claveles, girasoles, en el sueño anhelante de
la primavera
donde esperamos el reencuentro de la vida que
soñamos.
El fuego y el deseo se mezclan en la copa de los
amantes.
Tú y yo perdidos entre la niebla y el mar de la
nostalgia
que se encuentran en las notas y el eco de una guitarra
mientras tú sigues bordeando melodías
yo me pierdo entre palabras que agigantan los sueños.
Por favor espera mi regreso de este viaje

"por la tierra del nunca jamás".

El canto del ruiseñor en el bosque de la primavera
desea encontrarnos ardiendo de amor y soledad
porque estamos separados como las nieves eternas
y el valle fértil de la vida que nos abraza de nuevo.
¡Cantemos de nuevo juntos nuestra canción
que escribimos en una tarde de Abril en el bosque
sagrado del corazón y el alma de los que aman la
vida!

## OCIO

Esperar y el tiempo no se detiene.
Oír el silencio caminar en mi mente
con pasos delicados, lentos,
ociosos, delirantes y eternos,
mientras la lluvia golpea
en mi corazón solitario
como un martillo de hielo,
las cálidas olas del mar
de mi sueños y de las manos
que luchan siempre:
con un corazón mirando al sur.

## DESDE EL ALMA

Desde mi alma fui tejiendo redes,
sueños e ilusiones
pequeños pájaros doliendo en el corazón
deseando volar, emigrar lejos de este mundo,
lleno de sombras y de grises.
Sonrisas de plástico, ninfa sin alma
rodearon mi noble sentir.
En la aurora me queda el calor
de aquellos distantes ojos tristes
que llenaron mi sangre de sueños.
Y palpitó mi deseo llorando en tu piel
sintiendo que tus labios rompían el silencio
con una palabra: ¡Te quiero!

## SI ME PREGUNTAN

Si me preguntan dónde está mi gloria, les diré: ¡Está en tu mirada!

He soñado con tus labios en mi noche triste, bajo la luna del amor, donde los árboles y las estrellas son testigos que entienden nuestra locura.

Fue una tarde fría junto al río, donde las sombras de la noche comenzaban a ahogar la tarde, en un intenso ocaso, ¡fui mordiendo los labios del tiempo, buscando acortar las distancias y romper los designios de la muerte!

## EN ESE LUGAR SOMBRÍO

Allí donde nada podía esperar, ese lugar sombrío, un corazón oscuro, se estremeció el alma. Fue su triste mirada, sus sueños destrozados, sus miedos, su abandono, su dulzura con pinceladas de locura, pasión y muerte adornando este ser en el mar del silencio y el olvido. La copa que bebimos fue mar y fuego, abismo y soledad de dos almas perdidas en los ríos del corazón engañoso. Te abracé con tinta y sangre, me llenaste de un amor que no entendía. No hay un cielo, tampoco estrellas en las noches de mi soledad. Tú buscabas recordar lo que era el amor, donde navegan las almas solitarias. Aquí estoy diciendo que te marches aunque no quiera perderte.

## ¡EN EL OTOÑO!

El otoño está asomando
por mi ventana
y el fresco aire
de la mañana
me tocará con su magia.
Las aves en los árboles
llenas de nostalgia
todavía trinan.
Los sueños del verano
despiertan del letargo
cuando el amor nace
entre los etéreos
besos que la tarde
les prodigaba,
a nuestros corazones.

## A MI PADRE

La pelota de trapo, la callejuela oscura,
la vieja iglesia de la calle trece.
Tantos recuerdos que afloran
en la álgida noche del último invierno
de mi vida....
Crecí en una familia peronista
pero con el tiempo,
mi padre se hizo revolucionario,
como tantos compañeros,
abrazó el marxismo.
Hoy, el ya no está
pero su lucha en el monte tucumano,
me llena de orgullo y admiración
porque combatió por lo que creía y pensaba.
Tus nietos y yo te recordamos,
continuando tu lucha.
¡Hasta la victoria siempre querido viejo!
En algún rincón del alma tengo guardado
un hermoso recuerdo;
sabe a una fresca lluvia a un ardiente fuego,

sabe a una tierna caricia, un bella sonrisa.
tus manos sobre mi piel me llenaron de ternura
y aunque ya no me hables y tu voz esté distante
jamás me olvidaré de lo que vivimos.

**EN LAS NOCHES**

Durante las noches se este invierno
mi corazón destila algún bello recuerdo
clavado en el portal de la belleza,
en el umbral de tus labios,
en el eco sagrado de tu voz
entonando en la noche oscura
llena de la noble nostalgia
por la mujer más hermosa y pura
que mi cuerpo y alma han soñado.

## HACIA EL FUTURO

Es la puerta del corazón que he cerrado.
Las llaves están en el fondo del abismo,
bajo las eternas olas del inmenso mar.
Amar es un tránsito ausente al viejo hombre,
despreocupado mortal que soñaba como un niño
mientras el mundo se llenaba de sombras
y del silencio de las mentes pequeñas.
Fuimos en esa carrera hacia la luz: ¡El despertar
de un incierto porvenir, sin ideologías, sin revolución!
y allí nos quedamos sentados mirando el ocaso,
perplejos mientras las voces de los inocentes
despertaban en la lucha diaria, en las calles,
en los miles de hombres y mujeres excluidos.
Un día llegó el sol de un nuevo día de primavera,
las calles se llenaron de brazos en alto y de lucha
y la Patria comenzó a transitar un camino nuevo
del que formamos parte en este proceso hacia el
futuro.

## UNA LÁGRIMA

Eres en esta noche. Una lágrima cae lentamente.
Tu amor fue un castigo en la noche de mi dolor.
Cuántos momentos se han perdido en un segundo
mientras busco salvar la esencia de los sentimientos.
Como un quijote luché contra las noches de soledad
esperando las migajas de una verdad a medias:
¡La mentira de un corazón que deseaba,
 sentirse vivo intensamente!

## DIBUJÉ SOBRE SU PIEL

Fue en la playa de la vida donde me iluminó su
sonrisa
y la gracia de su amor fue mi unicornio perdido.
Su desnudez fue un adentrarse al paraíso y la plenitud,
desgranar su deseo mientras besaba su vientre,
con la delicadas caricias de mis manos sedientas:
¡Dibujé en su piel el más exquisito poema de amor!

## LAS ROCAS Y EL MAR: LA LEVEDAD

Sobre las rocas se veía el mar
en el horizonte distante, lleno de soledad.
La brisa que provenía de sus entrañas
me hacía imaginar al amor en su plenitud.
Las gaviotas sobre las barcazas
dibujaban en el cielo la nostalgia.
Soledad y frío en el aire de junio
como los recuerdos que atraviesan mi piel.
En algún lugar del corazón distante,
los viejos fantasmas del pasado,
mueren lentamente en tus besos.
Las tardes junto a la playa en el verano,
las deliciosas caminatas junto a tu mirada
y el bello resplandor de tu sonrisa:
¡La vida nos prometía un sueño sinfin!
pero esos delirios del corazón,
son el tiempo fugaz insolente,
momentos robados a la eternidad,
en la agonía de nuestra existencia.

## RÍOS DE RECUERDOS


En noches como estas en

la lluvia despierta

nuestra soledad y nostalgia.

El corazón es un libro del recuerdo

con toda la fuerza, la pasión y el amor.

No existen cantos y melodías.

La sombras de la noche lúgubre

caen sobre mi mente,

mientras los ríos de los recuerdos

desbordan las riberas del alma.

Amor por favor, vuelve hasta mis brazos,

busquemos de nuevo en el tren

de los deseos más profundos,

donde llegamos en tantos amaneceres,

llenos de ternura y placer

**DECADENCIA**

El espacio y el tiempo en los atrios de la humanidad,

marcan el camino de los arrogantes

hombres que lucubran en sus mentes calcinadas, por

el aguijón de sus deseos que palpitan

en sus débiles almas como pequeñas antorchas, en los

caminos de su idolatría y avaricia: el

pequeño lazarillo de sus propios instintos les ha

cegado la vista a las emociones más

profundas y los deseos ardientes por la paz y la

convivencia como hermanos en este viaje a

través de la existencia humana.

## EL POETA DE TU ALJABA

Y si alguna lágrima me produces

será como una suave brisa

proveniente del mar

y guardará este amor de toda pena.

Lo defendí con armas cargadas de recuerdo

y nostalgia para que permaneciera

puro en los labios y en el corazón.

Mis versos fueron la estela donde escribí

todo lo sagrado que eres para mí

y en incontables noches

siempre fui el poeta de tu aljaba

y tú la musa de mi inspiración.

## BAJO EL DESIGNIO

Los días me traen a la memoria

las últimas tardes cálidas del otoño

donde sembramos en el ocaso

con una estela de besos,

este amor sin esperanza.

Fulgor de sombras y de llanto

hasta que despunte el alba

y despedirnos de ese bello sueño:

"Bajo el designio de la insoportable

levedad del ser".

## LA EXTRAÑO

La extraño como las flores del valle
extrañan la hermosa primavera.
La quiero y mi amor se queda sin palabras,
en un maldito silencio, en un vacío sinfín
y la tarde se llena de dolor, de soledad,
como el deseo profundo de mis labios,
de mis manos, por hallar el calor,
el fuego abrazador de su piel.
Mi amor no fue una mentira,
no tuvo intención de lastimar,
¿Por qué se ríe de mi soledad?
No puedo un día más sin verla.
Le entregaré mi vida al mar,
me pierda en su abismo,
en el silencio de los perdidos
hasta el fin de los tiempos.
Te quiero más que a mi vida,
siempre serás el amor verdadero.

## MI NOCHE TRISTE

En esta: ¡Mi noche triste!

encontré refugio en cosas tan simples,

intangibles, llamado cotidianamente:

¡Amor!

Es una vasija que se rompe

en mil pedazos y cada uno de ellos,

es un momento en el tiempo,

un pequeño poema, un fragmento,

de la belleza de ese amor que redime

el alma de nuestra arrogancia.

## BÚSQUEDA

Yo no te busqué, jamás te miré con otros ojos que no fueran de una entrañable amistad. Las cosas solo suceden, nunca creí que el amor se encendiera con una sola mirada, que la luna nos besara y abrazara bajo su designio.

La textura de tus labios es un bálsamo para el deseo sediento que no se apaga.

Tu mirada habla sin decir una sola palabra, como esos viejos poemas que conmueven el alma y lo dicen todo mientras me iluminan con su ternura. No existen razones para olvidar lo que ha marcado el corazón y el alma, tuve más de lo deseado, de lo que merecía, me regalaste la magia del amor por un instante y puedo

soportar vivir sin tu presencia aunque mi vida agonice

cada vez respiro: ¡Dulce amor del otoño de mi

existencia!

**VAL**

¡Ay amor, mi delicioso aroma! ¡Me tienes perdida, enloquecida de amor! Tu sonrisa alegra mi existencia y mi piel te anhela con profundo deseo. ¿Porqué tú semblante está así? ¿Acaso no elegiste perderte en este amor? Ven reposa tu cabeza sobre mis senos y dile al corazón, que es amor lo que sientes....

## SOÑADOR

Dicen que soy un soñador que mis sueños son como las nubes, como gotas de rocío, una brisa matinal y tal vez así sea pero prefiero seguir viviendo, amando la vida de una manera simple, derramando mi corazón cuando amo. En mi poesía, existe un mundo donde hay justicia, solidaridad y sobre todo amor... Aprendamos a pensar, sentir y actuar en una misma dirección: ¡Hace bien!

# De mí

I

Lee un libro y allí estaré contigo compartiendo ese momento único
acortando el tiempo y la distancia entre nosotros.

II

¡Oh canción de mi alma: dile cuánto la extraño!
Dime soledad: ¿Cuándo volveré a ver a la dulzura de mis días?

III

En esta noche la luna nos dio la espalda.
Poco a poco todo se fue llenando de tristeza,
de distancia, donde nos abraza el silencio...
Estrella fugaz en la noche del olvido,
en los labios y el corazón que dicen adiós.

IV

Cuando el amor llega de una manera inexplicable,
donde el cielo y el infierno se funden en un abrazo fecundo,
comprendemos la esencia de nuestra naturaleza humana.
Somos carne y viento, tempestad y primavera a las puertas,
del más resplandeciente de los ocasos: ¡Nuestra rebelión!

## CRÓNICAS DEL PARAÍSO

Aquí por el mar y la playa, respirando el silencio, la
brisa fría y su enigmática fuerza, penetra hasta
lo más profundo de los huesos, comienzan a
abrazarme en la profundidad del ocaso, del espectro
solitario que apaga la luz del día. Son los recuerdos y
la nostalgia por los días en que la vida se
abría ante mis ojos. Hoy viajo por el destello de una
noche fría, como el amor, me espera a la vera
de mi luna y la angustia de los años que mueren: en el
silencio de un viejo recuerdo.

**TE AMO**

Te amo, no importa lo que suceda entre nosotros.

No hay forma de volver atrás cuando has entregado tu ser,

el alma, tu carne y ya no puedes retroceder.

Es algo inexplicable porque aunque luches contra este sentimiento,

no hay lugar en el mundo donde sentirse pleno,

sino es en los brazos de la persona que amas.

La luna, la belleza de una noche, adorándote hasta romper el silencio,

con el sublime éxtasis, mientras nuestras manos se entrelazan

con la fuerza del amor, entre las voces que dicen: "Te amo".

No te alejes de mi vida porque sin ti todo perderá su fulgor, su esencia y las noches serán un ardiente clamor que no hallará consuelo

buscándonos una y otra vez en el silencio de este amor.

## SIN TI

Las agujas del reloj
caminan lentamente
marcando mi soledad,
un estigma en el alma.
Los minutos se ahogan
en el silencio de un recuerdo
buscando entre las flores
marchitas de mi jardín,
destellos de tu sonrisa
dispersos en el aire.
Cantaré una canción,
suave murmullo
que asoma tierno,
desde el alma.
Las aves trinan
desnudando la primavera,
y su sutil encanto.
Sus suaves labios
que muerdo como frutos
carnosos y sensuales,

amalgama perfecta
de un momento pleno
cuando nos compenetramos
hasta lo más profundo
de nuestro deseo.
¡Liberarme amor mío
de tu ausencia
y de la distancia,
para sentir la libertad
del amor sin límites!

Puedo secar tus lágrimas pero no puedo perdonar por ti. Puedo ayudarte a reír y soñar pero no puedo volar en tu lugar. Para volver a amar debes sentir que vives y no andar huyendo....

Recuerdo esas tardes

en el campo

y ese olor a tierra mojada.

## MORIR

Muero de manera extraña... No me mata la vida,
no me mata la muerte, no me mata el amor;
muero de un pensamiento mudo como una herida...
¿No has sentido nunca ese extraño dolor?

## EL FOGÓN

Junto a los trabajadores
alrededor de un brasero,
compartiendo historias de vida
que marcaron mi niñez
y las notas de una zamba
que guardé en el alma
llena de esperanza,
mientras la tierra ardía de odio
por la avaricia del patrón.

## EL LLANTO

Tu llanto, tus lágrimas, como esta lluvia interminable de mayo

me dicen que estás enamorada: ¡Un hombre ha robado tu corazón!

Tus labios lo desean y tu cuerpo lo reclama gritando su nombre en silencio.

El amor es una plegaria cuando él no puede estar a tu lado.

Lo sueñas todas las noches que parecen eternas sin su presencia,

agonizando en cada suspiro que la lluvia derrama sobre tu alma.

## MI TERNURA TE BUSCA

Tu cuello y tus hombres
tiemblan ante mi respiración.
Cuando muerdo el lóbulo de tu oreja
es como el fruto del deseo
que quiero morder en mi ansiedad
por besar tus labios
y llevarte hasta la locura,
donde anida en el deseo
de expresar este amor
con nuestros cuerpos.
Somos como una brasa
que arde en el fuego
del incontenible deseo
por poseernos sin medida.
Todos mi anhelos están allí
todo lo que he vivido quiere plasmarse
en ese corazón que busca mi amor.
Eres el fuego y el volcán que palpita
en la inmensa llanura del amor

donde hay espacio para soñar
en la fragilidad de esta vida.
Aquí está el amor en tus manos

y en tus senos gimiendo
incontrolable de pasión
como una rosa en el mes de enero
abres tus pétalos en el fuego
sagrado del deseo,
mientras escuchas mi silencio
y los versos que escribo en tu piel.
Sabes que mi ternura te busca
y mi amor te llama
con su fuerza incontenible
porque eres el amor
que me ha encontrado
cuando más lo necesitaba.
Tulipanes y claveles,
cielo lleno de alondras,
mar y eternas olas que me llaman
a entrar en tus profundidades:
¡Así es como te siento amor!

## AL AMOR

Amar es algo mágico, profundo...No hay nadie en este mundo capaz de explicar como sucede. Amar es sentirse cercano como distante. Es sentir que todo corre por tu sangre y que nadie puede arrancarlo. ¡¿Amar acaso se puede entender?! Es querer todo y nada, hablar sin pronunciar una sola palabra. Amar es dialogar en silencio, volar alto con los pies en la tierra y saber que nunca sentirás algo igual otra vez aunque muchos no lo entiendan. Amar es tocar el cielo con las manos, es sentirse humano aunque el cielo se haya esfumado. Amar es vivir y morir a la vez.

**¡AY AMOR!**

Ay amor mío cómo explicar que este amor me está quemando lentamente. ¿Cómo explicar la desesperación que siento por verte? Si en el aire está tú perfume. ¡Ay alma mía basta! ¡No ves que él no está! ¿Acaso me estoy volviendo loca? No es el deseo el que motiva a llamarte. Grito con desesperación pronunciando tu nombre pero no respondes...No soy yo la que te llama sino mi corazón. ¿Cómo reprenderlo si ha perdido la cordura, si ya no me escucha? Tengo miedo porque mi mente se ha aliado con el corazón y lo ayuda a conjurar con el amor. Qué tonto corazón por caer así. ¡Ay pobre de mí! ¡No puedo evitar sentir esa bella sensación cuando estamos juntos!

**RAZONES**

Nunca quise lastimar tu hermoso corazón y esa intrépida alma que cautivó mi vida.
No hay culpables en este trágico escenario. No se puede cambiar lo que está escrito. Te dijeron que eras un juego para mí pero se equivocan. Soy una mentira, una ilusión, nada más lejos de la
verdad. ¡Ellos no saben que lo que es amar con el alma! ¡Cuando estamos juntos somos eternos!
¿Cuántos motivos y razones buscarán tu mente para borrar lo que no puedes sacar del corazón?
¿Crees que no te amo? Si me dejas ahora jamás volveré a mirarte a los ojos de nuevo...
Tus ojos dulces como el sueño de una noche de primavera
donde el alma vibra entre las notas distantes y nostálgicas de una guitarra.
Tu sonrisa llena de luz y de esa insaciable búsqueda de la ternura
y de un corazón sensible como el tuyo.

Las líneas sobre tu rostro y las manos que emergen
como un estandarte deseoso de libertad,
conocer, soñar, amar con toda el alma.
He grabado cada detalle de tu rostro, de tus manos la
humedad de tus labios,
el detalle de tus piernas, tu piel que recorrí en el mar
del deseo, te llené amor.


Amor llegaste a mi vida en el ocaso de mi juventud
como ese premio y ese clamor del corazón que anida
en todo ser humano. Tú llenas todo como el perfume
de las rosas en enero, en el pequeño Jardín de mi
mundo. Amor mío soy tu ángel y tu demonio en esta
tierra como la insoportable
levedad del ser que sublima toda criatura en esta vida,
prohibiéndose sentir, soñar, vibrar, entre la
piel y el alma

## MARCA DEL DESTINO

Fue una noche de esas que no se olvidan como una extraña marca en el destino, un permiso del que realmente disfrutamos. Poco a poco lo vamos grabando en la memoria, en el alma, hasta que llega a ser el recuerdo más preciado en el que alguna vez, descubrimos la magia del amor, en todas sus formas. Esos instantes en que nos sentimos plenos, es apenas un espejismo que nos muestra la finitud de nuestra existencia y el largo camino que debemos transitar, para hallar como el oro, lo intangible que llene nuestras vidas. No recorrer este camino, haría que nuestra existencia fuera solo un sueño perdido en las tinieblas_ del sin sentido_ en el que muchos humanos jamás han palpitado, por un momento, la vida.

## TU SILENCIO ES MI AGONÍA

Siempre supe que mi destino estaría marcado por la
adversidad, la muerte, el dolor, las pérdidas,
pero allí en ese mar de la vida como una balsa
encontré un refugio, una tregua, para sentirme
inmensamente vivo, amado y por sobre todas las
cosas entregar amor como un fuego incontenible, una
brasa, una remolino, un océano de vida que hizo de la
existencia un faro en las sombras de la noche y le dio
sentido a la vida.

Ella piensa en el amor y es realista. Él es un soñador
con los pies en las nubes y le encanta volar.
Ella es un sol cabalgando en primavera.

## ¿DÓNDE ESTÁS AMOR?

¡¿Dónde estás amor mío que te extraño como la vida misma, que hoy enmudece mi alma?!
Quisiera encontrarte como te dejé, con una sonrisa en los labios.
¿Por qué bebe mi corazón esta copa de dolor llena de tu ausencia?
¿Acaso la vida no tiene un respiro para este amor?
Te sueño, te pienso, te siento, hasta que la vida nos permita volver a soñar con el amor, y mis
labios vuelvan a besar tus manos de nuevo.
¿Puedes decirme que me amas, que tomarás mi rostro, que besarás mi frente y siempre estaré en
tu alma?
¡Entonces habremos hecho el amor!

## CIERRAS LOS OJOS

Cierras los ojos y siente.
No eres más que una ola
persiguiendo la grandeza
para luego derrumbarte.

Fluyes a través del silencio.
En negros océanos lúgubres
descansas lejos del mundo
en tu burbuja translúcida.

Ves tu cuerpo marchitarse
y sueles perder la fe
te lamentas por los sueños
que enterraste alguna vez.

## ME SONRIERON SUS OJOS Y ME TEMBLÓ
## HASTA EL ALMA

¿Qué distancia hay entre tu mirada y la mía?
¿Tu corazón me extraña y tu mente que le dice?
¿O acaso pensar y sentir en la misma dirección nos hace uno?
¿Qué distancia existe entre tus labios y los míos?
EL amor fue un remanso en nuestras vidas.
La felicidad es una efímera coincidencia.

Espero que no sea tarde. No, nunca diré que perdí el tiempo contigo pero prefiero que sea así, un momento breve pero intensamente bello: ¡Porque jamás fui tan feliz

Te amo porque puedo palpitar tu esencia cuando estamos juntos. Puedo sentir que conmigo eres real, que podemos olvidarnos del mundo cuando somos una sola alma.

## TE CUIDÉ

Mientras te lastimaban, sequé tus lágrimas y curé tus heridas.
Mientras te olvidaban, te hice el lucero de mis mañanas.
Mientras ponían distancia de tu piel, yo te amé con toda el alma.
Mientras estuviste en mis brazos, supe que te perdería.
Yo te debo demasiado como para lastimarte.

## ¿DÓNDE ESTÁ LA GLORIA?

¿Qué gloria puede haber en el corazón del hombre?
¿Dónde irá a parar su terca ironía de vivir?
¿Si el amor es la fuerza vital del alma
Entonces, adónde sepultaron su ternura?
Si el corazón es engañoso ¿dónde está la verdad?
¿Acaso tiene patrimonio, algún dueño? ¿Quién tendría
tal arrogancia de decir que la conoce?

Escribiré hasta que sangren mis manos y se limpie de dolor el alma. Escribiré hasta el último minuto de mi existencia, porque en las palabras: ¡Están encerradas las sombras, de quien alguna vez amo la vida!

Esta tarde después de caminar por la ribera del Río Negro y recorrer algunos lugares con bellos paisajes de otoño, encuentro difícil entender a quien no tiene el valor para decir: "Te amo" para jugarse por alguien, para escribir otra historia distinta, porque existe una "sola vida", es esta: ¡Aquí y ahora!

Puede sonar vanagloriosas mis palabras pero apenas alcanzan a decir lo que el alma siente o lo que ella significa para mí en este mundo frío, donde el amor solo es: "Pasión de un día".

**SOY**

Soy el fuego y el viento que tu alma esperaba por años.
Soy la ternura y el amor que llena tu vida cada mañana
mientras el gris del otoño y el frío transitan por tu vida.
¿Quién puede pelear contra el corazón y la mente?
¿Cuántas veces mi vida, he luchado con lo que siento
y siempre pierdo la batalla en tus brazos?
Hoy palpito el perfume suave y delicado de tu piel
que me atrapan en el mar tempestuoso del deseo...

## TE AMARÉ

Si te alejas de mi vida como las alondras en el otoño,
mi vida será un desierto inexpugnable en el alma.
Si tú te alejas de mi vida, seré insensible al amor,
porque no puedo sentir la vida sin tú existencia.
Si tú te alejas de mí, derramaré mi alma en la penumbra,
se vaciará mi noche de lunas, llenándose de tristeza
hasta que el mar lleve mi cuerpo y alma
y los encierre en la paz de su silencio.
Si tú te marchas para aprisionarme en el olvido
toda la tierra perderá su encanto en el ocaso
mientras el cielo llora mi desdicha.
¿Amor entiendes por qué te amo
de manera única e irrepetible?
¡Te amaré dulcemente hasta el final de mis días!

## CADA BESO TUYO
## ESTÁ GRABADO EN MI ALMA

¡Cada beso tuyo está grabado en mi alma!
Cuando estoy en tus brazos, olvido todo ¡amor mío...!
Cuando tu mirada y la mía se funden, el mundo no
existe.
No trates de explicar que hay entre tú y yo
porque el amor no se explica con palabras,
se siente en el alma al saber que existimos
para entrelazar nuestras vidas a través del amor.
Amo despertar con tu nombre en mis labios.
He recitado mil poemas sobre tu piel en silencio.
¡¡¡Nada más hermoso que sentirme tuyo y tú, mía!!!
¡Me enamoré de la vida cuando te vi!

## SUFRIR

Un día sufriremos al separarnos, porque sé que me vas a dejar. Un día mi vida se llenará con tu silencio y las palabras que no nos dijimos será la distancia entre tú y yo. Un día el mar que no conocimos nos hablará de amor con su brisa, pero jamás la arena besará nuestros pies. Un día recordaremos esta pasión que nos mordió a raudales llevando nuestras almas hasta la locura. La noche nos hablará de cómo ardimos de deseo en sus entrañas y la luna fue una lámpara que nos besó la frente mientras mis manos secaban tus lágrimas. Un día me olvidarás y apenas recordarás cómo te hice sentir, yo aprenderé que los poetas malditos solo conocieron el amor en sus versos.

## ALONDRA

Aquella dulce letanía en tu mirada
es una plegaria a la dulzura.
Tus ojos luminosos son la brasa
que enciende la mañana.
Tus labios son la puerta del amor,
un suave manantial de ternura
mientras la luna asoma en la noche
y envuelves con tu encanto
cada página que escribes
en el corazón de los que amas.
El mar de tu cuerpo es como un sueño,
tus suaves y delicadas manos:
¡Acarician con amor la vida!
El alba comienza a despuntar
y tus cabellos descansan
sobre tus delicados hombros
que despiertan el amor.
Eres una rosa, una madre,

que desea ser amada,

tamizada en ternura,

como el trinar de las alondras

que anhelan la primavera

y el amanecer del amor en tu piel.

**POEMAS**

Poemas que son solo deseos.
Palabras que expresan ternura.
Amor sublime, amor que revive,
en cada momento del día
y la noche triste de mi alma.
¡Llévame contigo dulcinea!
El mar me habla de ti
y en la noche sin luna
te busco con la luz
de las estrellas.
¡Siempre te busco!
Siempre, con esperanza
de hallarte en algún lugar
que no sea solo en mis sueños.

## MI SUEÑO

Mi sueño
una tarde junto a ti
caminando por el parque.

Mi sueño
una tierra liberada
de la injusticia por el amor.

Mis sueño…
caminar por esta tierra
sin límites ni fronteras,
juntos como hermanos
bajo el sol: ¡esta es mi utopía!

## MÁS QUE PALABRAS

El amor es más que palabras.
El amor es más que el dolor.
El amor es la más bella de las poesías,
como una rosa hermosa en su forma
pero llena de espinas y aun así la tomo,
una y mil veces hasta desangrarme
porque vivir sin amar es lo más terrible
para un alma en este mundo.

## UN LUGAR

Existe un lugar de esperanza
perdido en el corazón del hombre.
Aún una tenue luz respira.
El viento se agiganta
como el tierno fulgor de tus caricias
y es suave murmullo en la mañana
mientras busco llenar mi soledad.
¡Un clamor late desesperado
entre viejos caprichos del ayer
esperando volver a ver
la firmeza de un hombre liberado!
sueños y alegrías eternas
viven a través de la sangre
en un indeleble rincón de mi locura
esperando volver a soñar
con la paz que da un florido jardín.
¿Qué respuesta esconde la soledad,
triste y temerosa en la oscuridad?
Quiero gritar con esa voz entrecortada
todo el dolor de este corazón.

## NOCHE DE LUNA

¡Noche de luna, destello de plata!
Mientras camino en la noche fría
llena de silencio bajo los árboles
mi mirada busca expectante,
en las sombras de la noche
las señales que me recuerden
el largo camino a casa.
El río describe el camino eterno
de las penas que no cesan
al recordarnos la finitud
en cada circunstancia de la vida.
Ya no encuentro retratos,
y viejas quimeras de antaño
dejan sus huellas indelebles
en el alma de este hombre.
Si hablamos de "nosotros"
encuentro una plegaria escrita
en cada verso que vuela
siempre llorando hacia el alba.

Tú no eres una simple palabra
que se derrama en un verso.
Eres un ángel
que ha perdido sus alas
por amor en esta tierra árida y fría
pero que se desgrana de sueños
mientras me buscas
como luciérnaga
en la noche oscura
de nuestro amor.

 Una flor , una rosa, su olor,
respirar profundo su suave aroma,
en una bella tarde de primavera,
recostados sobre el pasto,
junto al río buscando tus labios
mientras el sol se esconde....

## LLUEVE


Llueve sobre la tarde,
Mis poesías, mis versos:
Son libres como el amor
que siente mi corazón.
¡Hay tantos sentimientos!
encerrados en el alma
palabras, gestos, miradas,
caricias, dulzura, besos

que palpitan como la vida
en cada mañana de julio
en que te recuerdo delicada
y bella entre mis brazos
llenos de deseo que arde
en la piel, por hallarte
recostada sobre mi pecho
hasta que el amor
que nos una, despierte
de las cenizas de la nostalgia

que desangra el corazón

en cada anhelo,

en cada verso

que muere en la tarde fría

y lúgubre de nuestro silencio...

## ENAMORADA

*Ella*
*tiene algo que me enamora...*

¿Serán tus ojos de miel que magnetizan mi mente?
¿Será tu voz suave que despierta emociones en mí?
No lo sé...
Ahora cierro mis ojos y sólo te imagino
sonriente y bailando con la música del viento.
Imagino tus labios hundidos en los míos.
Te imagino tocando mis manos...
te imagino sin verte
te siento sin tocarte
te estoy esperando
¿Por qué?:
Eres la brisa que se cuela en mi cuerpo,
Eres mi tiempo detenido.
Eres mi flor en invierno.
Eres mi ilusión real.
  YO
  Te imagino... Mía.

## AMOR EN PRIMAVERA

La radiante mañana me recuerda
tu mágica sonrisa en el alma
despertando el amor como un torrente,
arrasando todos mis pesares.
Tus ojos almendrados,
tus suaves mejillas rosadas,
son la puerta a la más bella ternura
que abriga mi corazón solitario.

Tus manos como suaves rosas
brotando en primavera
acarician mi frente marchita
y mis viejos años.
Eres calma en mi tempestad,
suave fulgor en una tarde apacible
mientras la luna nace,
en la noche de mis suspiros.

Llévame lejos amor,
hacia el cenit de tu locura,
del fuego abrazador
de tus muslos candentes
donde toda mi sed se apaga
en el mar de tu ternura.

## TE QUIERO MÍA

Te quiero mía en la noche en que llueven las estrellas. T e quiero mía palpitando en el alma, mientras me regalas una canción con tu sonrisa. Cada nota la inspiras desde el corazón y eres la mujer que libera mis sueños. Tu piel como el durazno endulzan mi pasión, mi sentir quiere compartir este fuego que arde en la hoguera del deseo. Tus manos son el suave terciopelo de la ternura que acarician mis heridas, hasta sanar cada rincón, donde el dolor hirió como una daga el alma. Así me salvas de mi mismo, recordándome que la vida tiene el valor de las cosas simples: que jamás las arrancarán el tiempo y la distancia.

**DESPERTAR**

Quiero olvidar que en otros brazos estuve tan enamorado,
Entre las hojas marchitas de este gran amor de otoño:
¡Somos el mar y el fuego en esta pasión sublime!
Y como una plegaria nos llenó de dolor y ansiedad.
¡Viviría el resto de mis días en tus delicados brazos!
¡Nunca me sentí tan pleno en el alma de una mujer!
Lluvia y fuego compenetrándose hasta estremecer la piel
y las montañas y el río impetuoso fueron testigos privilegiados
de este canto a la vida: ¡que nos hizo despertar de nuevo!

## BUSCO UN CUERPO COMPLACIENTE

Busco un cuerpo complaciente

que me haga sentir la brisa y el viento

donde reposar mi alma

y escribir los más bellos versos

entre rosas y girasoles.

Compartir un sueño,

plantar mi simiente.

Busco un cuerpo complaciente

donde recostar mi cabeza

y levantar el vuelo juntos

encendiendo el alma

como fuego y chocolate.

Pintar en tu vientre

mil caricias con mis labios.

Busco un cuerpo complaciente

que amarre nuestros sueños

y juntos atravesemos el invierno

o una eterna primavera.

Esperaré como el ruiseñor,

el vuelo de su amada

te cantaré de día y de noche

o como las bellas alondras

remontaré vuelo

sobre las planicies

hacia la libertad.

Busco un cuerpo complaciente

que sea mi altar para adorar

en sus senos la vida

y el profundo deseo

libere mis palomas

hasta el final de nuestra lucha

y descansar en su amor...

## TE AMO

Voy a amarte en silencio

y la gente jamás sabrá de este amor.

Soñaremos con hijos y nuestro propio hogar.

Nunca la tristeza y el dolor tocarán "Nuestro mundo".

Sobre el lienzo de la vida atravesaremos

cada vicisitud con la fuerza del amor.

Te cuidaré siempre hasta que la muerte nos separe.

Solo allí en nuestros sueños hallaremos paz

porque nuestra condición es frágil

y no existe eternidad en nosotros.

Las hojas secas del otoño será nuestro lecho,

las palabras serán testigo de este inmenso amor

parido en el fin del mundo lleno de soledad

y el trinar esperanzador de los jilgueros,

mientras la tierra abre sus entrañas

para recibir nuestra esencia y el amor

al que honramos con nuestras vidas.


Cada palabra esconde una mentira

un doble mensaje, una incitación,

en el escenario de la noche.

El cristal de las copas es una señal

del deseo caprichoso y egoísta

en que los amantes beberán el vino

hasta la última gota de pasión.

## ERES SOL Y MAR

Todo lo busco en esta vida esta en tus ojos

llenos de milagrosas primaveras,

son el deleite de mi mirada

que te busca en cada noche estrellada

y delicada luna llena

que corona mi vida cada momento de la dicha

y el amor de todos mis versos

conjugadas en la aljaba de tu inocencia.

Eres sol y mar en cada canción de amor

sauces, fresnos, abedules, nogales

deleitando el valle de mis sueños.

Te busco en cada mañana

atesorando el recuerdo y la ternura

de tus delicadas caricias

que adornan mis sueños de perderme

en la profundidad de tu piel

y el deseo que todo lo abraza

hasta que descanses en mis brazos

y yo alcance  la plenitud

en tu bella mirada.

# SUEÑOS IMPOSIBLES

**V.L.J.**

Eres una rosa en el mar

en esta vida sin amor,

en este sistema

deshumanizado,

cosificador,

de luces y de sombras,

de espejos rotos,

de corazones vacíos.

Dejé que el mundo

derribara mis sueños.

Me aferré al amor

y en él me sostuve

hasta que la tormenta

se perdió en el mar

del olvido.

Resurgí de las cenizas

como el ave Fénix

y en la poesía

dejé el alma,

mi esencia vital

grabados

en unos versos

sin rima

como la libertad,

como mis alas:

¡Voló mi corazón

hacia el cielo

de los imposibles!

## EN NOCHES COMO ESTAS

Las noches en que te sueño

puedo ver en mi interior

lo que tu sonrisa produce

en el volcán de mi alma.

En noches como estas

te pienso bajo la luna

y todos mis pensamientos

buscan tu huella

en el silencio abrumador

de tu ausencia entre las rosas.

Te espero en la penumbra

de mi habitación vacía,

de la presencia de tu cuerpo

palpitando sobre el mío

lleno de frescura, de osadía.

Solo tú puedes salvarme

de este infierno en que vivo

sin noches, sin luna, sin estrellas,

en la oscuridad de mi alma.

## QUISIERA ENCONTRARTE

Los días pasan, las horas, los minutos, los segundos.

Quisiera encontrarte entre las sábanas de mi cama

recostada con una bella sonrisa en tu rostro de ángel

dibujado en la noche de luna llena y de estrellas

paridas entre besos y el deseo de nuestra piel

que se conjugan en la quimera absurda del amor.

Dónde está la magia de la vida que se desvanece

con el paso del tiempo y la vitalidad de la carne?

La vida a veces suele plantearnos, conmovernos,

llenarnos de incertidumbre cuando deseamos existir

y hallar la plenitud en los brazos de las cosas simples.

## SENTIRSE PLENO

La libertad de sentirse pleno

como mariposas en la noche.

Tu corazón se transformó

en una sutil bruma

inundando cada espacio

con tu delicada frescura.

Una mesa, unas copas de vino

mientras este dispara

los sentidos y el deseo

que muere en tus labios,

en las entrañas,

en la pasión

incontenible

sobre tus hombros.

Tomé una rosa

la desgrané

lentamente

sobre tu vientre

hasta besar el delirio.

## LA BÚSQUEDA DE LA NOCHE MÁS

## HERMOSA

La búsqueda de la noche más hermosa
y el mejor momento llega cuando menos lo esperas
la luna caminando entre los álamos silenciosos
y su reflejo sobre al agua abrazando el río sobre la
bruma.
Busco tu mirada dulce, profunda y tamizada de
encanto
entre los recuerdos que se anidan en el alma.
¿Quién encontrará los restos de este amor en el
olvido?
¿Se llevará la Luna cada palabra, beso o latido del
corazón
que alguna vez ardieron en llamas bajo su trasnochada
luz?
Suelo caminar por la ribera del río solo para buscar
recuerdos

como un loco me siento a contemplar la belleza de los sauces,
la vieja balsa y allí en ese lugar me inspiro una y otra vez.
Dejo este lugar mientras me envuelve la nostalgia
y las palabras que jamás alcanzarán a tu alma
y morirán bajo la tarde de otoño en que me abandonaste.

Busco entre los errores del ayer los momentos más

importantes

pero solo encontré el boleto de un viaje de ida

# FELIZ QUINCE PRIMEROS AÑOS

En este maravilloso día
alondra de mi corazón,
en el más profundo sentimiento
de mi alma maternal:
Sólo lo más hermoso de la vida
puedo desearte hija mía,
latido de mi corazón
esencia viva del amor
de tus padres.
Tu sonrisa de niña
pronto será la mirada
de una bella mujer
y conocerás el amor
y enfrentarás la vida
con la ternura de tu encanto
y la valentía de tu alma.
Volarás con la fuerza

del viento y del mar

y es allí donde tus sueños

manojo de proyectos,

mi corazón te dice:

¡Felices Quince primeros años!

## VOY A BUSCARTE

Voy a buscarte en el deseo de mi piel
y en calor de la pasión que aprisiona mi alma.
Tu cuerpo es el mar donde quiero navegar
y se que tú me deseas cuando me miras
y anhelas con todo tu ser que te tome
te haga mía penetrando tu piel
con la espada de la sensualidad
mordiendo tus labios con suaves besos

Y fue desierto en tu alegría
palabras agudas, graves, esdrújulas
rimando entre versos libres.
Fui canción entre tus labios,
tu flor en el jardín de mi alma.
El amor es una brisa invisible
pero sus caricias son eternas
para las almas sensibles.

Volaremos sobre las sombras,

sobre el mar del olvido

hasta alcanzar el alba

con las alas de nuestro corazones.

Todo lo que mi alma siente esta noche

es solo una sutil ilusión en el corazón

un espejismo para continuar

este largo camino a casa

Quiero despertar esta mañana

con tu piel entre mis brazos

y una melodía de fondo

donde vuelvo a sonreír

y a soñar con el amor

## UNA VEZ MÁS

Una vez más
las flores pierden su aroma
en las sombras de la noche eterna
hasta que el sol vuelva a brillar
de nuevo en este amor marchito,
las rosas las cultivé en Enero
con la esperanza de que florezcan
como alguna vez deseó tu corazón.
Márchate de nuevo amor
donde los ruiseñores se han marchado
a buscar de nuevo a su pareja en el bosque
de la vida que nos sin consuelo
y el dolor que se transforma
en el mañana sin esperar nada
voy buscando una quimera
en la insoportable levedad del ser.

Era una noche estrellada

donde el canto de los grillos

asomaban en la obscuridad

hasta que el alba despertó nuestros sueños

en la absoluta soledad que nos atormenta.

¿Dime dónde está tu sonrisa?

## ENCUENTRO

Se encontraron en la noche sin luna
cerca de los viejos álamos
el frío envolvía sus cuerpos,
nada importaba
más que aquel encuentro.
Volver a mirarse a los ojos
y soñar por unas horas:
¡que el mundo era un lugar propicio
para el amor entre esas dos almas,
cansadas de horas oscuras,
de la soledad que aprisiona
los corazones en la penumbra,
buscando en el alba la libertad!
Los besos son un oasis para ser feliz
y creer una vez más en el amor....

## CUANDO TE BESABA

Cuando te besaba, en mi corazón decía

en silencio: ¡te amo!

No sé porqué sucedió, no se elige.

Se siente como si te hubiera estado

esperando por siempre....

## DIME QUIÉN

¿Qué haré si un día perdiera tu sonrisa?

Dónde iré si el sol de tu mirada

no me diera más calor?

¿Quién abrigará mi alma cuando tu amor se haya ido?

¿Dónde iré cuando la oscuridad me abrace en este

mundo?

¿Tú podrás vivir sin la ternura de mis besos o el calor

de mi cuerpo?

¿Quién te hablará y te amará sinceramente en la noche

de tu soledad?

## DESENCANTO

Las puertas no se abren y el alma está llorando.
El viento golpea mi ventana y solo busco el silencio.
Quisiera escribir en mis venas el dolor y la ausencia
hasta que la corriente arrastre mi alma por el río
mientras la tarde, muere en el ocaso sin pedir perdón.
Todo es una vana ilusión como el sonido del mar
estrellándose contra las rocas de lo inevitable.

## NO HABRÀ PÀGINAS

No habrá páginas

que escriban esta historia

guardada en silencio

entre los sauces y el río

que conoció nuestro amor.

La noche de Luna y de estrellas

fueron testigo de los besos

que despertaron el deseo

de parir ternura.

Aún recuerdo tu mirada

aquella noche de desencuentros

de simples excusas y anhelos

que conmovieron el alma

mientras el deseo moría

entre pétalos y el néctar,

## AMBIGÜEDAD

Palpitando en nuestra piel

me dejaste esa noche

con una lágrima en los ojos

y una marcada ambigüedad

enmudeció mi corazón.

Me guardé los "te quiero"

entre los versos de un poema

esperando hallarte en la mañana

entre mi piel y mi alma.

## ¿ACASO OLVIDASTE?

Los corazones caminan por la noche oscura,
sin luna, vacía de amor, llena de tristeza.
Las almas están bebiendo de la copa de la soledad
porque los besos han parido desdicha,
melancolía y alguna locura.
¿acaso olvidaste que solo se desea lo que se ama?
Las nostalgias descansan conmigo en la penumbra
de la habilitación que nos cobijó de pasión
y deseo en la hoguera de nuestra insoportable
levedad...
sin dejar lugar para el amor!

Un día vendrá el viento, la lluvia y la noche oscura sobre el alma del hombre, que ha perdido toda sensibilidad,
en un mundo vacío, de la esencia de la vida: "El amor".

## MI PLEGARIA

Soy una flor en un desierto
llena de soledad y de tristeza,
en la oscuridad de los tiempos.
Mi alma transita por el silencio
del amor que me abraza
en la distancia inoportuna
y que añora tu presencia,
en un cielo sin estrellas.
Transito solo sin tu compañía
sin el destello de tu sonrisa,
solo con la esperanza
de encontrarte entre mis versos
y las notas de una guitarra.
Los poemas fueron mi plegaria,
mientras esperaba en el río
con el vuelo de las aves

que se alejaban con su canto

de mis urgentes recuerdos,

por hallarte pura

bajo la luna de este amor,

latente en nuestras almas.

## POR UN INSTANTE

Por unas horas abrí mi corazón.
Por unas horas mi alma volvió a vibrar
entre las sombras de la noche.
Volví a sentir el fuego en mi piel
en cada caricia de sus manos.
Tomé sus rostro, besé su piel,
sus mejillas, sus ojos
y cuando llegué a su boca
en ella me perdí en mil sueños
mientras mi corazón
se vaciaba de ternura.
¡Mis palabras fueron pequeñas
pensando que ella entendería
las razones de mi locura!
No se imaginaba cuánto la sentí
aquella noche de Abril

en que la tuve entre mis brazos.

¡Sé que estoy sentenciado

a guardar ese instante

en mi alma sin luna,

en la oscura noche

de mi soledad

con alguna esperanza

de que fueran

genuinos sus besos!

## TANTAS NOCHES

Tantas noches mirando
a través de la luna llena,
buscando en ella tu rostro,
tu mirada, tu sonrisa...
derramando mi corazón
en versos que consuelen mi alma
y pueden decir:

"si me recuerdas estaré vivo
y ser alegría o robarte una sonrisa,
eso me bastaría para ser feliz".

## SENTIRSE VIVO

En mi delirio sigo siendo el espejo de tus deseos

cada gota de mi amor llueve sobre tu cuerpo

pero solo desea poder anidar entre las fibras

de aquella frágil dulzura que me abraza

hasta hacerme sentir vivo entre tantos muertos....

## TODO ME HABLA DE TI

La tierra, los sauces, los álamos,

el trinar de las aves en el mediodía

me cantan al corazón sincero.

El viento me habla de ti

y el río corre desesperado

hacia el mar del olvido.

Aún te recuerdo

en su remanso

acariciando mis labios

y tus ojos siendo mi cielo....

Escucho una melodía en el alma

escrita con los versos del amor,

floreciendo en la primavera

de este corazón latiendo al sur....

## QUISIERA ESCRIBIR

Quisiera escribir en la arena
versos llenos de dolor.

En la arena
donde una tenue brisa
lo esfumara todo
donde en mis entrañas
clavara su aguijón.

Como olas insondables del olvido
que pasan sobre este amor
agitando sobre su superficie
las arenas candente con los besos

de esta pasión que se agitaba en
el alma estremeciéndonos de deseo

derramándose en nuestros cuerpos
con espasmos de placer.

Estallábamos al unísono,
extasiándonos hasta el alma.
Descontrolada tu boca y la mía
nuestras manos pintando
en el óleo, aquella noche.

Nos embriagamos de amor
bebiendo el vino de la vida
tomando de la misma copa
y susurrando a los vientos
nuestros nombres,
escrito en la arena de este amor
hoy lleno de soledad...

## DÉJAME DECIRTE

Déjame decirte amor
cuántas noches sin ti
he bebido de la soledad
y del altar de tu belleza.
Hoy vacía está la copa de vino
y fría como el cristal
está mi alma.
El mar besó nuestros pies
y la luna nos abrazó con amor
entre los vientos del mar
que ahogaron con frenesí
tanta pasión desmedida.

# LUNA DE ABRIL

La luna me hace soñar esta noche
en esa bella mujer de Abril
con sus vestidos de plata
para cabalgar con ella,
en la noche de mis suspiros
deleitándome entre las sombras
de su eterna mirada, llena de ternura.
El amor brota de sus manos:
suaves caricias sobre mi pecho
hacen que se extiendan mis alas
para volar con ella hacia el porvenir
entre los hilos de la esperanza
mientras su corazón me abraza

¡OH cuan insondables
son los caminos
de la vida y del amor!

¿acaso existe la eternidad

o tan solo es vanidad

de nuestro ser?

## NO REGRESARÁS POR MÍ

Los instantes y momentos
de felicidad son pequeños,
cuanto más deseamos atraparlos
estos se esfuman,
como las aguas indomables del río
que corren sin detenerse
o las olas en la inmensidad del mar
que no podemos atrapar.
Te he soñado en mis noches
bajo la penumbra de la noche
donde el alma desea
con toda vehemencia,
hasta que llegue el alba
y con ella pierda
toda esperanza
de encontrarte entre mis sábanas
pero el frío de este invierno

lentamente va diciéndome:

¡Que no regresarás a mi!

# TINTA

La tinta como sangre descendió

hasta llegar al papel

donde los versos

se volvieron polvo

entre sus manos.

Quiso estremecer su corazón

pero las palabras

no dejan huellas en el cuerpo

ni los versos reemplazan

los besos o una mirada.

La quimera de este poeta

fue solo un sueño

de una noche de verano....

## EL ÓLEO DE TU CUERPO

Cálido viento del sur

que se desliza por mi ventana

a través de las cortinas

y los pétalos de las rosas

que se abaten entre sí

como las emociones

dentro del alma

donde se agita

 mi recuerdo:

tu piel hermosa

y suave

como un óleo

donde pinté

con pinceladas

de ternura

girones de besos,

mareas de deseo

sobre tus rodillas

y en el monte de Venus

fue nuestro encuentro frugal

lleno de agitadas oleadas

de exquisito placer

del vino exultante

en la copa de nuestras manos

y el profundo amor

que cosechan nuestros cuerpos

en una sola canción llena de sol

¡y alfombras de deseo

donde sellamos nuestros sueños

en el mar de la vida!

Por unas horas abrí mi corazón.

Por unas horas mi alma volvió a vibrar

entre las sombras de la noche.

Volví a sentir el fuego en mi piel

en cada caricia de sus manos.

Tomé su rostro, besé su piel,

sus mejillas, sus ojos

y cuando llegué a su boca

en ella me perdí en mil sueños

mientras mi corazón

 se vaciaba de ternura.


¡Mis palabras fueron pequeñas

pensando que ella entendería

las razones de mi locura!

No se imaginaba cuánto la sentí

aquella noche de abril

en que la tuve entre mis brazos.

Sé que estoy sentenciado

a guardar ese instante

en mi alma sin luna

en la oscura noche

de mi soledad

¡con alguna esperanza

de que fueran

genuinos sus besos!

La belleza de tus hombros:

¡abren el mundo

de los sentidos!

Cada pulgada de tu cuello

es un mar de dulzura

que quiero recorrer

para terminar

en el portal

de tus labios:

¡amanecer de mis alma!

Soy una flor en un desierto

llena de soledad y tristeza,

en la obscuridad de los tiempos.

Mi alma transita por el silencio

del amor que me abraza

en la distancia inoportuna

y que añora tu presencia,

en un cielo sin estrellas.

Transito solo sin tu compañía

sin el destello de tu sonrisa,

solo con la esperanza

de encontrarte entre mis versos

y las notas de una guitarra.


Los poemas fueron mi plegaria,

mientras esperaba en el río

con el vuelo de las aves

que se alejaban con su canto

de mis urgentes recuerdos,

por hallarte pura

bajo la luna de este amor,

latente en nuestras almas.

## GRABADA EN MÍ

¡La flor de loto es hermosa

aunque se nutre del fango!

"florece como mi corazón

en el mes de marzo"

cuando los vientos

comienzan a cambiar

para encontrar en su olor y belleza

la magia de la vida en su esencia…

que está grabada en mi alma

con las letras de tu nombre.

Ella se recuesta sobre su cama –de repente viene a su mente la imagen de aquel rostro- se pregunta en su corazón mientras suena una canción de fondo, aquella melodía la trasporta a las noches en que la vida parecía sonreírle una vez más. El silencio en su alma comenzó a decirle cuánto lo extraña a aquel que fuera la luz en su sonrisa, un faro en la oscuridad de los días en que uno se pregunta:¿Qué hubiese sido mi vida, si no lo hubiera dejado partir?. Una lágrima recorre sus ojos –nítida, pura, cristalina- de esas que destilan ternura cuando el amor –recuerda en nuestro interior- que a veces transita. ¡por caminos inexplicables para el alma!

En mi delirio, soy el espejo de tu deseo.

¡Cada gota de mi amor llueve sobre tu cuerpo!

solo desea poder anidar entre las fibras

de aquella frágil dulzura que me abraza

hasta hacerme sentir vivo entre tantos muertos…

¡Tantas noches mirándote a través de la luna llena!

buscando en ella tu rostro, tu mirada, tu sonrisa,

derramando mi corazón en versos

que consuelen mi alma y puedan decirte:

"Si me recuerdas estaré vivo

y seré alegría al robarte una sonrisa,

eso me bastaría para ser feliz".

¡Esa locura que buscamos en el alma
como el mar cuando embiste
contra la playa en busca del amor
desangrándose sin alcanzar jamás
la plenitud del encuentro ancestral
con su idolatrada osadía devastada
en lenta y dolorosa agonía
como mi corazón sangrante!

## DÉJAME

Mi alma gime en una plegaria
en esta mañana de febrero
porque el tiempo pasa inexorable
en el atrio de la vida.
La tristeza envolvió su voz
y su sonrisa se perdió
en una gélida noche.
Sus ojos se llenaron de nostalgia
por un amor marchito
que se vació de sueños
de caricias y de besos.

En la plenitud del día,
¿quién se llevó su alegría?
en aquella tarde triste
moribunda en las palabras
de aquella voz insensible

que ahogó su esperanza

de ser feliz en sus brazos.

Déjame secar sus lágrimas

y abrazarla en la distancia

hasta que salga el sol

en su alma herida,

por el desengaño.

Déjame pintar una sonrisa

en el lienzo de su alma...

## MUJER OBRERA DE LA FRUTA

Dulce mujer de delantal azul
compañera incasable de horas paridas
en la soledad de tus pensamientos
_con pequeñas arrugas en la frente
y de bellos gestos marcados por la vida_
A ti compañera de lucha y soledades,
con tu trabajo alimentas a tus hijos
y siempre estas llenándolo todo
con la magia de tu silencio
mientras trabajas con tus fuertes manos,
para concretar tus sueños de progreso.
A ti compañera mujer obrera,
van estas pequeñas palabras
que no dicen mucho
pero hablan de tu esencia:
*Una mujer de convicciones y esperanza*
*por un futuro mejor para todos.*

# Poemas en Dueto

## LA NOCHE SANGRÓ POR LA HERIDA

**Poema en dueto**

*José Lorenzo Medina*

*Gladys Viviana Landaburo*

La copa de vino
exhala sobre la mesa
frugales olores
llena de sueños,
para la tarde
impávida
de letargo
y marcada osadía,
que morirá en mi pecho
frío como la nieve
silencioso
como mi alma...

La copa de vino
que sostienes
colmada de tus sueños
¡tan hidalgos, tan sangrantes!
me embriagan
con su intensa fragancia
me cautivan
se apoderan de mi alma
para anhelar ser puente
por donde traces tus huellas.


Quise ser la alegría de tus días,
cántaro que desborda
sueños en la alborada
intrépida de la mañana.
La noche sangró por la herida
suave destello de amor.


Quisiste ser alegría de mis días...
La noche sangró por la herida
¡la penumbra te invade!
la duda se apodera de tu corazón

el desconcierto sucumbe
el horizonte se aleja
el "amor" se desvanece
¡quisiste y me quisiste,
mas a tus sueños
los quisisteis más!

## ¡SIN DEJAR DE AMARTE!

**Poema en dueto**

*José Lorenzo Medina*

*Gladys Viviana Landaburo*

Dejaré que la rosas en Abril
me hablen dulcemente de ti
que me digan:¿dónde estás,
o qué fue de nuestro amor?

Dejarás que las rosas de Abril
te hablen, y te digan
lo que ya tu corazón
conoce en profundidad

que tu amor es como un faro
en la noche más oscura

cuando bebo de la soledad
buscando tus labios...


Mi amor por ti, es un rayo
que atravesó mi alma
y aunque hiere tu ausencia
mi corazón palpita
y no vibra sino es contigo


porque mi amor fue silencio
dolor en la distancia
gaviotas después del naufragio,
mi deseo se vistió de mar
para buscarte en sus entrañas


En el mar, mis lágrimas
tiñeron sus olas
con lágrimas de sangre
de las heridas de mi alma,
y sus fuerzas desfallecían
pero, ¡sin dejar de amarte!

Me fui buscando el alba
para volver a soñar con el amor
en esta triste historia
que escribimos con el alma...


Te fuiste, aunque
bien sabes que
jamás llegaste
¡Jamás partiste!

## TE SIENTO

**Poema en dueto**

*José Lorenzo Medina*

*Gladys Viviana Landaburo*

Móntate sobre mi luna de papel
que entre arrebatos te espía
celosa de las estrellas
que iluminan tu regazo
tan sensual, tan frugal
que, ¡provocan nuestro delirio!

Quiero despertar bajo la luz de la luna
y lentamente acercarme hasta tus labios
para encender esa llama, el fuego prohibido
para la razón que nos atormenta
romper los paradigmas de la moral
en las llamas sagradas del deseo...

Ven alójate en mi luna de papel
que te ansía profano, desbordante
desde las caricias de tu alma
hasta el roce de mis reservas
que se arden desde su núcleo
¡ven acóplate y comparte mi vuelo!

te siento profundamente mía
cuando nuestras manos se entrelazan
en un profano encuentro
lleno de amor y lágrimas
que conmueven cada suspiro
que brota del corazón.

Te siento y vibro en ti
cuando tus manos son
proyección de tu alma
que derriban lo imposible
para ser en mí
¡Cómo te siento! Solo soy en ti.

# Cuentos

## EL ATRACO

La mañana era de esas en que la resolana parece envolverte y te agobia el calor y la humedad _como dice algún autor popular: "como resolana bajo la piel". Juan Había estado desayunando en el bar "Círculo Italiano", toda la mañana, leyendo el periódico con un capuchino de por medio y el infaltable cigarrillo negro; esperó toda la semana este encuentro con Susana_ empleada de una firma exportadora de fruta, era el contacto que necesitaba para el negocio que quería realizar con un grupo de amigos César y Carlos_ amigos de la adolescencia cuando compartían los sueños que todos los jóvenes suelen tener y que siempre son más grandes que sus actitudes_ Susana se presentó en el bar tal como había quedado, le explicó los motivos de su tardanza_ su jefe había estado flirteando con ella y tuvo que soportar su acoso porque necesitaba salir del trabajo para encontrarse con Juan_ La noche anterior César había propuesto, que debían conseguir todos los datos de los movimientos de la firma donde trabajaba Susana_ Ella se sentía atraída por Juan y no le costo mucho convencerla de que obtuviera los datos que necesitaban. Después de una corta charla, quedaron en reunirse el fin de semana en una chacra cerca del pueblo. Luego de una serie de llamadas Carlos quien era el más convincente de los tres, propuso una cena para el día sábado y entrar en confianza con ella. Juan le propuso a Susana dicho encuentro que ella aceptó sin dudarlo. Después de aquella noche supieron que la empresa recibía pagos en negro, dinero no declarado de estas operaciones comerciales y César propuso el lugar y el momento en que realizarían el atraco. La idea no convencía mucho a Juan que de cierta forma estaba encariñado con Susana, discutieron durante tres horas sobre los detalles del hecho que pensaban realizar. Susana sería la entregadora_ la idea había estado rondando por su cabeza hace mucho tiempo, estaba cansada de ver pasar cuantiosas sumas de dinero por sus narices y que sus jefes hablaran impunemente de sus logros_por lo que no dudó un instante la propuesta de Juan. César el más retraído, corto de inteligencia, pero de una gran ambición, al momento que entró la idea, de realizar el robo de su vida, saldría de la existencia mediocre en la que estaba inmerso y que según su ego: el "mundo" debía pagar por ello. En estos personajes primaba el deseo y la contradicción, planearon cada movimiento de una manera puntillosa y brutal como lo demostrarán los hechos posteriores. El día del robo Susana preparó el terreno para consumar el hecho. César se presentó de saco y corbata con un maletín simulando ser un nuevo cliente, una vez que estuvo en la oficina, después que susana les trajo café, César sacó un arma y apuntó al Dr Gonsález en la cabeza, este no se resistió_el pánico bordeo por su cien, su familia, la voz de su esposa, la risa de su hija se hicieron presente como un rayo en esos instantes_César lo tomó por el brazo y lo obligó a arrodillarse, esa sensación de poder sobre la vida de Gonsález elevaron su adrenalina y luego de golpear en la cabeza a Gonsález le exigió que abriera la caja fuerte donde estaba el dinero de la operación que habían realizado días atrás y que era dinero fresco, Carlos estaba en un Renault 12_estaba algo nervioso pero la idea de Guita fácil pudo más que su corto genio. Juan que minutos después ingresó a la oficina y maniató a Susana lo hizo con una máscara, a César en cambio no le importó ese detalle. Juan se acerca a César y le increpa por la excesiva violencia con la que había intimidado a Gonsález. Después de unos minutos este hombre que se encontraba aterrorizado accedió a abrir la caja fuerte y luego de unos minutos, grande fue la sorpresa, al no encontrar lo que buscaban, el dinero no estaba allí, César se enfureció con Gosález, lo tomó del cuello y le dijo_ "Hijo de puta" te voy a reventar ¿dónde está la guita?, Juan trató de calmarlo Pero Gonsález solo se reía y entonces César sin mediar palabras disparó el arma y lo mató_ los sesos quedaron esparcidos por toda la pared_es impresionante ver como explota el cráneo por el orificio de salida cuando se dispara, con Urma de grueso calibre a corta distancia_ Juan estaba como petrificado, el pánico recorrió su cuerpo paralizándolo, César fue a buscar a Susana y la trajo de los cabellos arrastrándola por el piso, estaba como poseído, lleno de ira y Juan solo atinó después de reaccionar a increpar a César, que dejara en paz a Susana, quien estaba en un profundo shock_es difícil entender como personas con las que se había compartido momentos de camaradería pudieran reaccionar de esa manera_ Juan trató de detener a César y en el forcejeo se disparó el arma hiriendo a César en el pecho, quien se desplomó al piso_los vecinos alertaron por los disparos a la policía quien tardó en llegar al lugar de los hechos mientras Carlos huía raudamente por la ruta 22. Al llegar al lugar los policías encontraron a Juan sosteniendo con sus brazos a César, su llanto y el dolor por la muerte de su amigo, no pudo hacer otra cosa. Es increíble decía Juan mientras fumaba un cigarrillo en la celda de la comisaría Quinta de la ciudad de Villa Regina, teníamos tantos sueños , vivencia juntos, si nos conocíamos desde borregos y mira cómo terminamos_mientras en la entrada de la celda el guardia escuchaba en una vieja radio: "Bailando con su sombra".

## LA PELEA

Pueyrredón es un barrio con bastante densidad de población, está formado por casas tradicionales, familias de clase media, trabajadoras y algunos personajes dedicados al mal vivir. Como todo lugar típico de la ciudad de Córdoba capital, Pueyrredón es un barrio tradicional, la historia se desarrolla en La avenida Patria y la Bulnes. Allí se juntaban en a esquina algunos jóvenes cuyas edades rondaban entre los 16 y 20 años. Solo dos de ellos cursaban estudios en la escuela secundaria y el resto solo la escuela primaria. Los unía esa necesidad de pertenencia a grupo social determinado con valores propios, historias en común, frustraciones que hacen que los lazos de pertenencia y puestos jerárquicos se definan por la "hombría" como ellos le llamaban. Juan y Miguel eran hermanos, Juan era el mayor, tenían dos años de diferencia entre ambos. Patricio, jony y Daniel_ quien pertenecía a la comunidad Boliviana, era un muchacho extrovertido, calculador, entusiasta, diríamos el alma mater del grupo. Silvana_ una joven de unos 15 años , trabajaba en una despensa de Avenida Patria, era tímida, inteligente, durante su infancia había recibido algunos abusos por parte de su padrastro_ un policía en actividad en esa época, del área de investigaciones_ Como en toda "Barra o pandilla" todos tenía un rol determinado. Solían reunirse todas las noches en una estación de servicio. Juan solía ser el personaje del rol del "jefe" calculador, manipulador y algo violento al igual que su hermano Miguel. Durante el fin de semana mientras estaban reunidos, Patricio el "novato" del grupo, propuso darle una lección a los pibes de la Villa_como le decían a los que vivían en el bajo Pueyrredón_conversaron sobre el tema mediante alguna bebida de por medio, en el fondo todos trataban de impresionar a la muchacha que era parte de la banda. El sábado por la noche se reunieron en casa de Patricio_ estaban bebiendo en exceso haciendo "la previa"_ la charla poco a poco fue tomando un giro inesperado algunos propusieron darle un escarmiento a estos "negros" como los llamaban_ Patricio tenía unas "navajas" que no tardó en ponerlas sobre la mesa_ Silvana escuchaba detenidamente la charla de estos jóvenes, pero su admiración por Juan, la opacaban y dejaba entrever que no estaba de acuerdo pero no haría nada al respecto. Es noche durante la madrugada cuando los jóvenes de la villa venían bajando por la calle Potosí y se encontraron con aquellos y sin mediar palabra Juan extrajo un cuchillo entre sus ropas y apuñaló a unos de los jóvenes_este se quedó tirado en el piso en posición decúbito ventral gritando de dolor_ mientras sus amigos se abalanzaban sobre los amigos de Juan. En esos instantes apareció la Policía, los patrulleros se cruzaron de esquina a esquina, estos bajaron con sus armas y después de unos minutos de forcejear con los jóvenes que intentaban huir, los apresaron. Juan con su rostro contra el piso solo pensaba que debía haber matado a ese muchacho que apenas superaba los 20 años. El odio y el rencor acumulados durante su adolescencia eran suficiente razón para odiar y tener en menos la vida de su prójimo. Este pronto comprendería que su propia vida de violencia terminaría en una vieja cárcel de Córdoba.

## LA ESPERA

Durante algún tiempo él estuvo esperando en el bar, tomó el diario_estaba algo nervioso, sus manos sudaban un poco_ Juan hacía tiempo buscaba una respuesta en su corazón y no podía hallarla_es muy difícil pensar cuando los sentimientos están en ebullición_no tenía quizás el valor de mirar a Ana y preguntarle-. ¿si era cierto los comentarios en la Facultad? Durante algún tiempo la relación no había sido la mejor_aquellos días en que todo es nuevo en una relación, la magia de los primeros encuentros había transcurrido sin sobresaltos_pero estos comentarios sobre Ana no lo dejaban en paz. Esperó alrededor de 20 minutos_pensaba en hablar con ella y decirle lo que había llegado a sus oídos, pronto debía viajar a córdoba y tal vez considerar si la relación tendría sentido que continuara_él la quería y cualquier sacrificio estaba dispuesto a afrontar_Ana era un chica muy entusiasta, algo tímida pero decidida a romper las reglas_ a Juan eso le agradaba, creía en la libertad en una relación, el desarrollo de las actitudes y capacidades y no estaba dispuesto a cortar sus alas_El tiempo transcurría _hacía más de una hora que esperaba_ se levantó y se acercó a la barra tomó un lápiz y un papel y dejó una nota, Pedro el mozo_quien conocía a la pareja le aseguró que entregaría el recado_ Juan se dirigió hacia la puerta con una extraña sensación en el alma, miró por última vez aquel lugar del bar, como si estuviera grabando el momento en su mente y se fue. Dos horas más tarde recibió la terrible noticia sobre el accidente Ana, quien había salido a encontrase con él. Juan estaba destrozado, conmocionado por la noticia_que le dio su amigo Marcos en una llamada_. Se dirigió hasta el hospital de urgencias y en la guardia preguntó por Ana, el enfermero le dijo que ella estaba grave le habían hecho las primeras curaciones, tenía traumatismo cráneo-facial y una herida en su cadera_hacían que su cuadro clínico fuera grave_con lágrimas en los ojos Juan subió por el ascensor_ cada segundo era una eternidad, un laberinto sin salida, una terrible angustia reinaba en su alma_al llegar a la sala de terapia intensiva, sus padres se encontraban en la antesala_estaban destrozados por la noticia_en un profundo abrazo de consuelo entre con ellos mientras la noche comenzaba a llenar espacio con los sonidos del silencio. Juan recordó aquel momento en el bar, su angustia y sus dudas pero ante esta nuevas circunstancias_que cambió todo "su mundo"_ comenzaba una nueva etapa junto a Ana, estaría junto a ella, cualquiera fuera su estado, porque fue en ese preciso instante que descubrió que la amaba profundamente.

# BIOGRAFIA DE JOSÉ LORENZO MEDINA

Oriundo de Córdoba – Argentina. A los 8 años escribió su primer cuento, después de la muerte temprana de su padre se refugió en la lectura y escritura. Los primeros poemas los escribió a la edad de 15 años. Fue jugador de Ajedrez de 1ra en la UC.A. Durante la dictadura se afilió al Movimiento Nacional Justicialista (Partido Peronista). Fue miembro activo de la Juventud Peronista. Milito en la izquierda del Peronismo durante los años del Menemismo. En el 98 emigro al valle del Rio Negro, eligió la ciudad de Villa Regina para establecerse. Allí comenzó su militancia gremial en S.O.E.F.R.yN. (Sindicato obreros empacadores de la fruta de Rio Negro y Neuquén) y ya en el 2012 fue nombrado funcionario del gobierno provincial por el Sr. Gobernador de Río Negro Don Alberto Weretilneck. Está cursando el último año de la Tecnicatura de Seguridad e Higiene Industrial en el I.P.A.P.

Durante el 2013 ha participado en los siguientes libros:

-Antología poética Alma y Corazón en letras: Con Derecho a Réplica.

-Desde mi esencia: Poesía (junto a la autora Gladys Viviana Landaburo).

-Antología Poética en El Sendero de las Letras: Autores de Argentina.

-Antología Poética El Eco de las Musas: Solo Poesía ©2014.

-Antología de cuento y poesía:Sueños & Secretos

*José Lorenzo Medina*

# INDICE

DEDICATORIA ................................................................. 7

PRÓLOGO.......................................................................... 9

EPÍGRAFE ....................................................................... 11

ILUSTRACIÓN ............................................................... 13

MI POESÍA HA MUERTO.............................................. 15

PENSANDO ..................................................................... 16

TU RECUERDO RUEDA EN EL ALMA ...................... 17

ENCANTO ....................................................................... 18

NUESTRO VIAJE............................................................ 19

OCIO ................................................................................. 21

DESDE EL ALMA .......................................................... 22

SI ME PREGUNTAN ...................................................... 23

EN ESE LUGAR SOMBRÍO........................................... 24

¡EN EL OTOÑO!.............................................................. 25

A MI PADRE ................................................................... 26

EN LAS NOCHES............................................................ 28

HACIA EL FUTURO ...................................................... 29

UNA LÁGRIMA .............................................................. 30

DIBUJÉ SOBRE SU PIEL .............................................. 31

LAS ROCAS Y EL MAR:LA LEVEDAD...................... 32

RÍOS DE RECUERDOS ................................................. 33

DECADENCIA ................................................................ 34

EL POETA DE TU ALMA ............................................. 35

| | |
|---|---|
| BAJO EL DESIGNIO | 36 |
| LA EXTRAÑO | 37 |
| MI NOCHE TRISTE | 38 |
| BÚSQUEDA | 39 |
| VAL | 41 |
| SOÑADOR | 42 |
| DE MÍ | 43 |
| I | 44 |
| II | 45 |
| III | 46 |
| IV | 47 |
| CRÓNICAS DEL PARAÍSO | 48 |
| TE AMO | 49 |
| SIN TI | 51 |
| PUEDO | 53 |
| RECUERDO | 54 |
| MORIR | 55 |
| EL FOGÓN | 56 |
| EL LLANTO | 57 |
| MI TERNURA TE BUSCA | 58 |
| AL AMOR | 60 |
| ¡AY AMOR! | 61 |
| RAZONES | 62 |
| MARCA DEL DESTINO | 64 |

| | |
|---|---|
| TU SILENCIO ES MI AGONÍA | 65 |
| ¿DÓNDE ESTÁS AMOR? | 66 |
| CIERRAS LOS OJOS | 67 |
| ME SONRIERON SUS OJOS Y ME TEMBLÓ HASTA EL ALMA | 68 |
| ESPERO | 69 |
| TE AMO PORQUE | 70 |
| TE CUIDÉ | 71 |
| ¿DÓNDE ESTÁ LA GLORIA? | 72 |
| ESCRIBIRÉ | 73 |
| ESTA TARDE | 74 |
| PUEDE | 75 |
| SOY | 76 |
| TE AMARÉ | 77 |
| CADA BESO TUYO ESTÁ GRABADO EN MI ALMA | 78 |
| SUFRIR | 79 |
| ALONDRA | 80 |
| POEMAS | 82 |
| MI SUEÑO | 83 |
| MÁS QUE PALABRAS | 84 |
| UN LUGAR | 85 |
| NOCHE DE LUNA | 86 |
| LLUEVE | 88 |
| ENAMORADA | 90 |

| | |
|---|---|
| AMOR EN PRIMAVERA | 91 |
| TE QUIERO MÍA | 93 |
| DESPERTAR | 94 |
| BUSCO UN CUERPO COMPLACIENTE | 95 |
| TE AMO | 97 |
| ERES SOL Y MAR | 99 |
| SUEÑOS IMPOSIBLES | 101 |
| EN NOCHES COMO ESTAS | 103 |
| QUISIERA ENCONTRARTE | 105 |
| SENTIRSE PLENO | 106 |
| LA BÚSQUEDA DE LA NOCHE MÁS HERMOSA | 108 |
| BUSCO | 110 |
| FELIZ QUINCE AÑOS | 111 |
| VOY A BUSCARTE | 113 |
| UNA VEZ MÁS | 115 |
| ENCUENTRO | 117 |
| CUANDO TE BESABA | 118 |
| DIME QUIÉN | 119 |
| DESENCANTO | 120 |
| NO HABRÁ PÁGINAS | 121 |
| AMBIGÜEDAD | 123 |
| ¿ACASO OLVIDASTE? | 124 |
| UN DÍA | 125 |
| MI PLEGARIA | 126 |

| | |
|---|---|
| POR UN INSTANTE | 128 |
| TANTAS NOCHES | 130 |
| SENTIRSE VIVO | 131 |
| TODO ME HABLA DE TI | 132 |
| ESCUCHO | 133 |
| QUISIERA ESCRIBIR | 134 |
| DÉJAME DECIRTE | 136 |
| LUNA DE ABRIL | 137 |
| NO REGRESARÁS POR MÍ | 139 |
| TINTA | 141 |
| EL ÓLEO DE TU CUERPO | 142 |
| POR UNAS HORAS | 144 |
| LA BELLEZA DE TUS HOMBROS | 146 |
| SOY UNA FLOR | 147 |
| GRABADA EN MÍ | 149 |
| ELLA | 150 |
| EN MI DELIRIO | 151 |
| TANTAS NOCHES… | 152 |
| ESA LOCURA | 153 |
| DÉJAME | 154 |
| ILUSTRACIÓN | 156 |
| MUJER OBRERA DE LA FRUTA | 157 |
| | |
| POEMAS EN DUETO | 159 |

ILUSTRACIÓN ................................................................. 161

LA NOCHE SANGRÓ POR LA HERIDA ................................... 163

¡SIN DEJAR DE AMARTE!! ................................................... 166

TE SIENTO......................................................................... 169

CUENTOS ........................................................................ 165

EL ATRACO....................................................................... 173

LA PELEA ......................................................................... 179

LA ESPERA........................................................................ 183

BIOGRAFÍA ...................................................................... 187

FOTOGRAFÍA AUTOR ........................................................ 190

**Del Alma Editores ©2015**

www.ingramcontent.com/pod-product-compliance
Lightning Source LLC
Chambersburg PA
CBHW020052200426
43197CB00049B/343